Hans-Jürgen Freudenberger

Dresden in der DDR-Zeit

Fotografien aus den 80er-Jahren

Wartberg Verlag

Bildnachweis
Hans-Jürgen Freudenberger

2. Auflage 2022

Layout und Satz: Christiane Zay, Potsdam
Druck: Rindt Druck, Fulda
Buchbinderische Verarbeitung: Buchbinderei S. R. Büge, Celle

34281 Gudensberg-Gleichen, Im Wiesental 1
Telefon: (0 56 03) 930 50
www.wartberg-verlag.de
ISBN 978-3-8313-3304-2

Inhalt

Vorwort

Dieser Bildband zeigt eine Auswahl meines fotografischen Schaffens aus den 80er-Jahren, als ich in meiner Geburtsstadt Dresden mit der Kamera auf Motivsuche unterwegs war. Im Jahre 1944 in Dresden geboren, habe ich seit meiner Kindheit bis 1989 in Dresden-Plauen gewohnt.

Mit Beginn meiner Berufsausbildung im VEB Kamera- und Kinowerke Dresden hatte ich das Glück, im betrieblichen Fotozirkel unter fachlicher Anleitung die wichtigsten fotografischen Grundkenntnisse zu erwerben. Besonders die kostenlose Benutzung von hochwertigen Spiegelreflexkameras aus dem eigenen Werk war von unschätzbarem Vorteil, ebenso die Arbeit im betriebseigenen Fotolabor. Nach und nach erkannte ich, dass meine Stärke auf dem Gebiet der Architektur- und Städtefotografie liegt und habe mich vorzugsweise darauf konzentriert. Mein Fotoarchiv wurde mit der Zeit recht umfangreich und zur Selbstverarbeitung des Fotomaterials richtete ich mir in der Wohnung ein kleines Labor ein. Fotografiert wurden der Wiederaufbau historischer Gebäude, die Plattenbauten in den Neubauvierteln, aber auch verfallene Gründerzeithäuser und deren Abriss, uralte Bauernhöfe und Kulturveranstaltungen aller Art. Besonders viele Aufnahmen entstanden in meinem Wohngebiet Dresden-Plauen, wahrscheinlich besitze ich von dort eines der größten Fotoarchive aus den 80er-Jahren überhaupt.

Im Rahmen meiner beruflichen Tätigkeit als Projektierungsingenieur im ehemaligen VEB Verpackungsmaschinenbau Dresden hatte ich lange Zeit die nicht alltägliche Möglichkeit, innerhalb des Werkgeländes zu fotografieren. Im September 1989 erfolgte nach dreijähriger Wartezeit die Übersiedlung meiner Familie in die BRD und mein komplettes Fotoarchiv, inzwischen auf über 400 Filme und Hunderte Dias angewachsen, ging mit auf die Reise zu unserem neuen Wohnsitz in Südhessen. Weitgehend unbeachtet lag das Material fast zwei Jahrzehnte im Schrank, bis ich endlich die Zeit hatte, eine Sichtung in Angriff zu nehmen. Das Resultat ist, dass sich in meinem Archiv ca. 4000 Fotos mit Dresdner Motiven aus den 70er- und 80er-Jahren befinden, die nun nach und nach zu ordnen und zu digitalisieren sind. Angesichts der Veränderungen des Dresdner Stadtbildes in den vergangenen 30 Jahren sind diese Aufnahmen hochinteressant, viele Motive existieren nicht mehr, einige markante Orte wie die Prager Straße sind so umgebaut worden, dass man sie auf den Fotos von 1988 kaum wiedererkennt. Der Neumarkt, damals eine unansehnliche Brache, ist nach dem beispielhaften Wiederaufbau im Barockstil eines der attraktivsten Stadtquartiere Deutschlands geworden.

Der Bildband sollte für den älteren Betrachter, der sich an die abgelichteten Motive erinnern kann, ebenso interessant sein wie für die jüngeren, die sie nicht persönlich gesehen haben. Bewusst habe ich für diesen Band neben Architekturfotos einige Aufnahmen mit eher alltäglichen Motiven ausgesucht. Sollte das eine oder andere Foto zum Schmunzeln anregen, so ist das durchaus beabsichtigt!

Hans-Jürgen Freudenberger

Altstadt

Wiederaufbau der Semperoper 1977–1985

32 Jahre lang stand die ausgebrannte Ruine des von Gottfried Semper erbauten Königlichen Opernhauses, in dem allein neun Opern von Richard Strauss uraufgeführt wurden, am Theaterplatz, ehe 1977 mit dem Wiederaufbau begonnen wurde. Zuschauerraum und Foyer wurden in bewundernswerter Weise mit großem handwerklichem Können weitgehend wiederhergestellt. Ergänzt durch stilistisch angepasste Funktionsbauten für Probenräume und mit modernster Bühnentechnik ausgestattet, wurde das Haus am 13. Februar 1985, 40 Jahre nach seiner Zerstörung, mit Webers „Freischütz“ wiedereröffnet. Die damals offiziell bekanntgegebenen Baukosten von 170 Mio. Mark der DDR erscheinen aus heutiger Sicht geradezu unwahrscheinlich bescheiden.

Die Baustelle 1980. Um die Seitenbühnen zu vergrößern, wurden die Außenmauern jeweils um 8 m nach außen versetzt.

Die neuen sandsteinverkleideten Funktionsgebäude hinter der Oper sind mit dem Bühnenhaus durch Brücken verbunden.

Tausende erwartungsvoller Dresdner konnten sich in den Monaten nach der Eröffnung, wie hier im März 1986, von den hervorragenden Leistungen der Handwerker und Restauratoren beim Wiederaufbau der Semperoper überzeugen. Alte Handwerkstechniken mussten neu erlernt werden. Allein für jede der aus Kunstmarmor gefertigten Säulen in den Foyers waren ca. 500 Stunden Schleifarbeit von Hand erforderlich!

Parallel zum Aufbau des Opernhauses entstand an der Ostra-Allee ein Gebäudekomplex für die Theaterwerkstätten, einen Malsaal und ein Kulissenlager. Die Aufnahme zeigt die Gebäudefront zur Kleinen Packhofstraße mit der überdachten Laderampe.

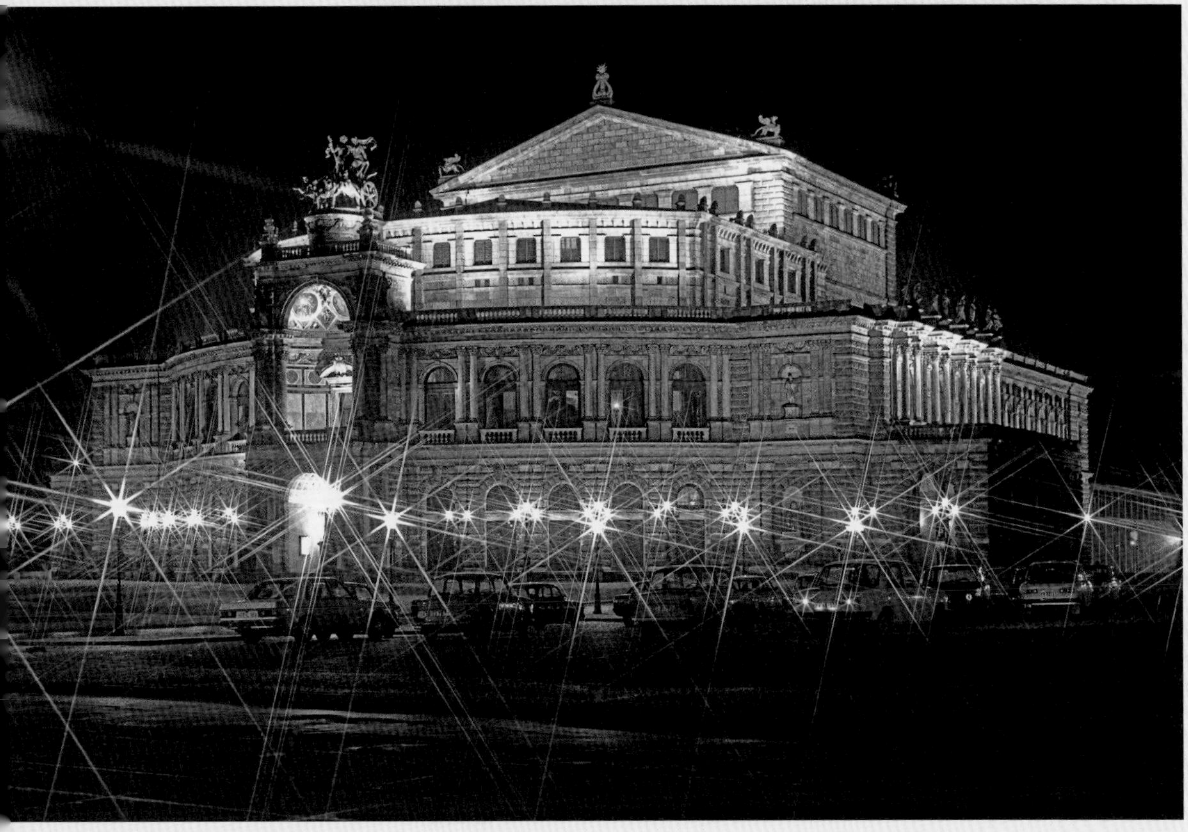

Die Neorenaissance-Fassade der Semperoper in neuem Glanz. Aufnahme von 1986.

Der Wiederaufbau des Residenzschlosses

Die gewaltige Ruine des 800 Jahre alten Residenzschlosses der sächsischen Kurfürsten entging nur deshalb dem Abriss, weil eine Sprengung in unmittelbarer Nähe von Zwinger und Hofkirche nicht möglich war und ein manueller Abriss extrem kostspielig geworden wäre. Zudem hatten sich Denkmalschützer und engagierte Bürger seit Jahrzehnten für einen Wiederaufbau eingesetzt. Sie sorgten dafür, dass der schwer beschädigte, aber in der Substanz erhaltene Pretiosensaal regelmäßig für Ausstellungszwecke genutzt wurde. Nach der Wiedereröffnung der Semperoper und dem damit verstärkt einsetzenden internationalen Tourismus musste auch die Staats- und Parteiführung einsehen, dass eine hässliche Ruine am schönsten Platz der Stadt keinen guten Eindruck macht. Also wurde die Wiederherstellung des Residenzschlosses „in seiner äußeren Gestalt" beschlossen und mit bescheidenen Mitteln in Angriff genommen.

Den Innenausbau und die spätere Nutzung für museale Zwecke wollte man späteren Generationen vorbehalten. Zum Glück wurde der Bau nach der Wiedervereinigung zielstrebig und mit großem finanziellem Aufwand vorangetrieben und nähert sich mit der Wiederherstellung der königlichen Paraderäume seiner Vollendung. Der gesamte Wiederaufbau wird mehr als 350 Mio. Euro kosten. Angesichts von jährlich Hunderttausenden Besuchern, die die im Schloss präsentierten Kunstschätze bewundern, sicher gut angelegtes Geld!

Zustand während der Sicherungs- und Abrissarbeiten im April 1987.

Kleiner Schlosshof. Hier befindet sich heute der überdachte Eingangsbereich der Staatlichen Kunstsammlungen. Aufnahmen von 1989.

Großer Schlosshof mit dem südöstlichen Treppenturm.

Westflügel des Schlosses,
Februar 1988.

Die Ostfassade
an der Schloßstraße,
April 1989.

Erneuerung der Freitreppe zur Brühlschen Terrasse 1988–1989

Die berühmte Treppe zum „Balkon Europas“ war wegen gravierender Bauschäden nicht mehr gefahrlos begehbar. Sie wurde abgerissen und komplett mit neuen Sandsteinstufen versehen.

Ruine des Taschenbergpalais

Die Mauerreste des ehemaligen Taschenbergpalais, einst als Wohnsitz der berühmten Mätresse Augusts des Starken, Gräfin Cosel, errichtet, waren zu DDR-Zeiten nicht in die Wiederaufbaupläne des benachbarten Residenzschlosses einbezogen. Ein Angebot der katholischen Kirche, das Gebäude als Bischofssitz der Diözese Dresden denkmalgerecht wieder zu errichten, wurde aus ideologischen Gründen von den maßgebenden Parteigremien erwartungsgemäß abgelehnt. In den 90er-Jahren erfolgte der Wiederaufbau als Luxushotel nach alten Vorlagen unter Beibehaltung der barocken Fassade und des Treppenhauses, aber mit weitgehend moderner Innenraumgestaltung.

Aufnahme von 1986.

Der Neumarkt

Der Dresdner Neumarkt war seit der Enttrümmerung in der Nachkriegszeit eine großflächige Einöde mit der Ruine der Frauenkirche im Zentrum. Der Blick von der Brühlschen Terrasse zeigt das wenig einladende Terrain: links die nackte Mauer der Kunsthochschule, in der Bildmitte die wiedererrichteten Torhäuser des Coselpalais und hinter den markanten Mauerresten der Frauenkirche das Polizeipräsidium mit dem massiven Anbau von 1979, der für den Wiederaufbau des Palais Hoym abgerissen werden musste. Schon 1984 fand ein Architekturwettbewerb zur Neugestaltung des Areals statt. Die Entwürfe tendierten zwischen historisch getreu bis weitgehend modern, der Aufbau der Frauenkirche war in dieser Phase noch nicht vorgesehen.

Der wenig einladende Neumarkt war im April 1987 ein riesiger Parkplatz für Hunderte Fahrzeuge und, wie in den Städten der DDR üblich, parkgebührenfrei.

Bau des Hotels „Dresdener Hof" 1987–1990

Auf dem Areal zwischen Brühlscher Terrasse und Töpfergasse errichtete die schwedische Firma ABV ein luxuriöses Hotel für zahlungskräftige Touristen aus dem Westen. Ergänzend wurde in der Münzgasse eine Wohnzeile mit Geschäften und Gaststätten errichtet. Blick in die Münzgasse Juni 1988.

Katholische Hofkirche

Die Katholische Hofkirche, ein Hauptwerk des Dresdner Barock, wurde vom italienischen Baumeister Gaetano Chiaveri entworfen und unter seiner Leitung von 1739–1755 errichtet.

Zusammen mit der Kuppel der nur 350 m entfernt stehenden evangelischen Frauenkirche dominiert der filigrane Kirchturm maßgeblich die Dresdner Stadtsilhouette.

Auf der Nachtaufnahme vom August 1988 ist rechts im Bild die Ruine des benachbarten Schlosses mit dem Hausmannsturm zu erkennen.

Zu dieser Zeit wurde der Nordflügel bis auf die Außenmauern abgerissen und für den Wiederaufbau gesichert.

Die im Krieg schwer beschädigte Katholische Hofkirche wurde zwar bis 1965 äußerlich wiederhergestellt, es fehlten jedoch einige der 18 Apostelfiguren auf der oberen Balustrade, die nach und nach durch Kopien ersetzt wurden. 1987 wurde auch der 3 m hohe „Felix von Cantalice" in zwei Teilen mit einem Kran auf seinen Sockel gehoben.

Die Kreuzkirche

Die evangelische Kreuzkirche auf dem Altmarkt, Wirkungsstätte des Dresdner Kreuzchores, brannte beim Luftangriff vom 13. Februar 1945 vollständig aus. Sie wurde bis 1955 wiederaufgebaut, jedoch ohne die aufwendige Jugendstilausstattung im Innenraum, die durch nüchterne Rauputzwände ersetzt wurde. Die Aufnahme von 1976 zeigt, dass für die Beseitigung der Fassadenschäden ein 100 m hohes Baugerüst errichtet wurde, das selbst ein imposantes Bauwerk ist! Rechts die restaurierte Sandsteinfassade 1986.

Innere Neustadt

Interhotel „Bellevue“

Das Hotel wurde von einer japanischen Firma in den Jahren 1982–1984 erbaut und das einzige erhaltene Barockgebäude der Großen Meißner Straße einbezogen. Das „Bellevue“ blieb fast ausschließlich devisenbringenden westlichen Touristen vorbehalten. Das MfS (Ministerium für Staatssicherheit) war mit einer Abhörzentrale präsent.

Große Meißner Straße Nr. 15. Aufnahme vom März 1982.

Hotel Bellevue 1987.

Straße der Befreiung

Die mit Platanen bewachsene ehemalige Hauptstraße zwischen dem Neustädter Markt und dem Platz der Einheit (Albertplatz) wurde zum 30ten Jahrestag der DDR 1979 zur attraktiven Fußgängerzone umgestaltet. Ein Altbauensemble wurde aufwendig restauriert und die Neubauten durchgängig mit Geschäften und Gaststätten versehen. Selbst die im Krieg ausgebrannte Dreikönigskirche wurde wieder aufgebaut. Mit Brunnen, Skulpturen, Blumenrabatten und Sitzbänken liebevoll ausgestattet, avancierte die Straße zur beliebtesten Einkaufsmeile der Dresdener.

Die hinter der Fußgängerzone liegende Königstraße mit barocken Bürgerhäusern überlebte den Bombenangriff 1945 wie durch ein Wunder unbeschadet. Zu DDR-Zeiten völlig heruntergekommen, sind heute alle Gebäude aufwendig restauriert. Aufnahme von 1987.

Äußere Neustadt

Alaunstraße/
Sebnitzer Straße
1988.

Böhmische Straße 1988.

Abriss der Schäferstraße

In Dresden-Friedrichstadt wurde noch 1988 ein kompletter Straßenzug mit architektonisch interessanten, jedoch dem Verfall preisgegebenen Gründerzeithäusern dem Erdboden gleichgemacht. Die geplanten Plattenbauten vom Typ WBS 70 wurden jedoch nicht mehr errichtet, die damals beräumte Fläche ist nach wie vor eine unansehnliche Brache. Die Wohnzeile mit alteingesessenen Geschäften und Gaststätten an der Kreuzung Schäferstraße/Adlergasse vor dem Abriss. Aufnahme von 1985.

Sprengung des Eckhauses Schäferstraße/Weisseritzstraße. Aufnahme vom April 1988.

Prager Straße

Auf dem Areal der im Krieg zerstörten Prachtstraße wurde in den Jahren 1965–1978 eine völlig neu geplante moderne Fußgängerzone mit Geschäften, Wohngebäuden, Hotels, einem Kaufhaus und einem Kino errichtet. Mit großzügig angelegten Brunnen, Blumenrabatten und Sitzbänken war die Prager Straße bei den Dresdnern sehr beliebt. Durch Abrisse und bauliche Verdichtung in den vergangenen Jahren hat die Prager Straße ihren einstigen Charakter als städtebaulich interessantes und international anerkanntes Ensemble der Nachkriegsmoderne weitestgehend verloren.

Das Interhotel NEWA am Eingang zur Prager Straße 1987.

Markant für die Prager Straße: attraktive Brunnen und Wasserspiele. Aufnahme von 1987.

Plattenbausiedlungen

Die Modernisierung der vielen heruntergekommenen Altbauten war zur Beseitigung der akuten Wohnungsnot zu aufwendig. Der Staat setzte auf großflächigen industriellen Wohnungsbau auf der grünen Wiese, wie hier in Dresden-Räcknitz in der Nähe der Bismarcksäule. Aufnahme von 1988.

Dresden-Gorbitz ist das größte Neubaugebiet der Stadt. Die Menschen zogen unmittelbar nach Fertigstellung der Wohnhäuser ein. Straßenbau und Infrastruktur hinkten grundsätzlich hinterher. Aufnahme von 1987.

Alles fertig: Schulen, Kindergärten, Einkaufszentrum und eine Wohngebietsgaststätte. Sogar eine neue Straßenbahnlinie nach Gorbitz wurde gebaut. Die Parkplatznot war offensichtlich von vornherein einkalkuliert. Eigentlich ein aus zeitgenössischer Sicht sehr moderner stadtplanerischer Ansatz! Aufnahme von 1988.

Die alten Dorfkerne

Die Stadt Dresden hat sich in der zweiten Hälfte des 19. Jahrhunderts enorm vergrößert, da die ehemaligen Dörfer am Rande der Stadt nach und nach eingemeindet wurden. Ehedem landwirtschaftlich genutzte Flächen wurden in Bauland umgewandelt. Einige der ehemaligen Dorfkerne haben die Zeit in einem mehr oder weniger gutem Zustand überstanden und wurden bewohnt, andere wurden dem Verfall preisgegeben. Sie heißen Altstrehlen, Altreick, Altdobritz, Altleutewitz usw. Inzwischen sind sie wegen ihrer oft ruhigen und idyllischen Lage begehrte Immobilien und man kann sie, oft liebevoll restauriert, als bunte Tupfen in der ansonsten langweiligen neuzeitlichen Architekturlandschaft der Stadt bewundern. Die Fotos aus den 80er-Jahren zeigen die Gebäude durchweg im unrestaurierten Zustand.

Ehemalige Bauernhöfe an der Mügelner Straße in Dresden-Reick 1987.

Altleutewitz 1988.

Dreiseiseitenhof in Altmockritz 1986.

Altcoschütz.

Eine ehemalige Mühle in Altdobritz 1988.

Alt-Dobritz an der Pirnaer Landstraße 1988.

Gehöft in Altpestitz 1988.

Dresdner Stadtteile

Dresden-Blasewitz

Das „Blaue Wunder“, wie die stählerne Elbbrücke zwischen Blasewitz und Loschwitz genannt wird, ist ein imposantes technisches Denkmal und ein ständiger Sanierungsfall. Das historische Foto entstand 1989.

Sie war einst Dresdens originellste Gaststätte: Die „Linie 6“. Aufnahme von 1988.

Blick von der Hüblerstraße zum Schillerplatz. Aufnahme von 1988.

Dresden-Loschwitz

Fachwerkhäuser auf der Friedrich-Wieck-Straße 1988.

Dresden-Strehlen

Dresden-Strehlen ist ein ganz besonderer Stadtteil. Neben einer großen Anzahl prachtvoller Villen, auch der König von Sachsen besaß dort ein luxuriöses Anwesen mit eigenem Bahnhof, und sehr schönen Jugendstilbauten findet man Wohnblöcke aus den 30er-Jahren im Bauhausstil. Entlang des Kaitzbaches ist ein Teil des alten Dorfkernes als Ensemble erhalten.

Gehöft auf der Kreischaer Straße. Ein interessantes Detail: Die an der Vorderfront des linken Hauses installierte Briefkastenanlage war eine Rationalisierungsmaßnahme der Deutschen Post der DDR. Diese an sich sehr praktische Einrichtung hat die Wende nicht überstanden.

Nur 100 m entfernt auf der Lockwitzer Straße: Repräsentative Bürgerhäuser von 1904 im Jugendstil. Aufnahme von 1988.

Dresden-Plauen

Blick in die sonntägliche Chemnitzer Straße. Die zahlreichen Geschäfte waren auch zu DDR-Zeiten überwiegend in Privathand. Aufnahme von 1988.

Der „Müllerbrunnen" auf dem heutigen F.C.-Weiskopf-Platz wurde von der Familie des Mühlenbesitzers T. Bienert gestiftet und 1902 eingeweiht. Er wurde vom Architekturbüro Lossow & Viehweger im Jugendstil entworfen und zur Erinnerung an die Plauener Mühlentradition und zum Andenken an den Dichter Wilhelm Müller errichtet. Aufnahme von 1987.

Wohn- und Geschäftshäuser auf der Chemnitzer Straße mit neobarockem Fassadenschmuck. Die komplette Straßenzeile blieb zum Glück von der Bombardierung der Stadt 1945 verschont. Unmittelbar daneben wurden einige ebenso prachtvolle Gebäude komplett zerstört. Aufnahme von 1987.

Sonntagvormittags in Dresden-Plauen – absolut verkehrsberuhigt. Würzburger Straße/Ecke Hofmühlenstraße. Aufnahme von 1988.

Die Hofmühlenstraße noch komplett bebaut. Aufnahme von 1987.

Das ehemals wildromantische und geologisch interessante Tal der Weisseritz ist von stillgelegten Steinbrüchen und imposanter Industriearchitektur geprägt. Hoch über dem Plaunschen Grund thront die Begerburg, der ehemalige Wohnsitz eines Steinbruchbesitzers. Bis zum Bau von zwei Tunneln und einer Autobahnbrücke für die A17 direkt unterhalb der Burg im Jahr 2010 beherbergte sie eine beliebte Pension in exklusiver Lage. Aufnahme von 1987.

Das Getreidesilo dieser ehemaligen Weizenmühle ist ein bisher ungenutztes Industriedenkmal, es gibt Pläne für den Umbau in eine originelle Wohnanlage. Aufnahme von 1987.

Die Felsenkeller-Brauerei im Bogen der Weisseritz vom „Hohen Stein" aus gesehen. Das traditionsreiche Unternehmen zählte um 1900 zu den 10 größten Brauereien Deutschlands. Zu DDR-Zeiten gehörte sie zum „VEB Getränkekombinat Dresden", 1991 wurde sie geschlossen. In den Gebäuden hat sich ein florierendes Gewerbegebiet etabliert. Das „Felsenkeller Pilsner" wird heute in Dresden-Coschütz gebraut. Aufnahme von 1987.

Baracken und Fabriken

Viele Lücken, die der verheerende Bombenangriff vom 13. Februar 1945 hinterließ, wurden jahrzehntelang nicht adäquat bebaut. Auf den brachliegenden Flächen wurden zahlreiche Baracken als provisorische Gewerbe- und Bürobauten errichtet. Das Foto zeigt eine der vielen TU-Baracken, ein geradezu skurriler Kontrast zum Fragment eines Jugendstilgebäudes am Münchner Platz.

Eine weitere TU-Baracke am Zellschen Weg als Dauerprovisorium, im Hintergrund moderne Studentenwohnheime. Aufnahme von 1988.

Das Heizkraftwerk Mitte war ein imposanter Backsteinbau und dominierte mit seinen markanten Stahlschornsteinen und Kühltürmen das Stadtbild der Wilsdruffer Vorstadt seit 1928. Das Kesselhaus wurde 2006 abgerissen und die verbliebenen Gebäude als Kulturzentrum einer neuen Nutzung zugeführt. Für die Staatsoperette und das Theater der Jungen Generation wurden neue Spielstätten errichtet. Es waren die ersten Theater-Neubauten nach dem Zweiten Weltkrieg in Dresden. Aufnahme von 1988.

Nicht nur die Altbauwohnungen Dresdens befanden sich in einem katastrophalen Zustand, auch viele alte Fabriken waren völlig heruntergewirtschaftet. Oft hat man nicht einmal die Kriegsschäden restlos beseitigt. Dächer waren undicht, Mauern unverputzt und nicht selten ragten die bizarren Reste der zerbombten Gebäude traurig in den Himmel ... Hier der VEB Modische Lederwaren auf der Grünen Straße. Aufnahme von 1988.

Mineralwasserfabrik in der Ruine einer ehemaligen Brauerei auf der Chemnitzer Straße. Aufnahme von 1983.

„Gewerbegebiet" in der Görlitzer Straße. Aufnahme von 1988.

Der Kontrast: Das moderne Industrieareal von Reick und Dobritz. Blick vom NAGEMA-Hochhaus in westliche Richtung: im Vordergrund der VEB Verpackungsmaschinenbau Dresden und die Lagerhallen des GHG Haushaltwaren, in der Mitte rechts die Pferderennbahn Dresden-Seidnitz und dahinter der 200 m hohe Schornstein des Heizkraftwerkes Reick und der Gasbehälter.

Beide Bauwerke wurden inzwischen abgerissen. Für das riesige, vom Architekten Hans Erlwein (1872–1914) erbaute Gasometergebäude gab es einige nicht realisierte Nutzungskonzepte. Die stählerne Kuppel wurde inzwischen entfernt. Der daneben stehende kleinere Rundbau beherbergt heute das berühmte „Panometer" mit dem Panoramabild des alten Dresden und ist eine touristische Attraktion. Aufnahme von 1985.

Foto links:
Nicht ganz vorschriftsmäßig – Akrobatik am Kranhaken.

Neben den schon gezeigten heruntergekommenen Gebäuden von meist mittelständischen Firmen gab es natürlich auch moderne Betriebsanlagen, vor allem in der exportorientierten Maschinenbaubranche. Einer der weltweit führenden Hersteller von Verpackungsmaschinen hatte seinen Sitz in Dresden. Die Bonbon-Verpackungsautomaten mit einer Leistung von bis zu 1300 Karamellen pro Minute waren weltweit begehrt und wurden in ca. 40 Länder exportiert. Mit der Ansiedlung der Firma Theegarten-Pactec wird die Tradition dieses Industriezweiges am gleichen Standort in Dresden-Dobritz erfolgreich fortgesetzt.

Ein Blick in eine der von 1962–1963 errichteten Werkhallen des VEB Verpackungsmaschinenbau Dresden. Hier die Kurvenfräserei.

Yenidze – Die Tabakmoschee

Das skurrilste Fabrikgebäude Dresdens ist sicher die in Form einer Moschee um 1910 errichtete Zigarettenfabrik Yenidze. Entworfen vom Architekten Martin Hammitzsch, war es schon bei seiner Errichtung höchst umstritten. Es wurde beim Bombenangriff 1945 teilweise zerstört, der instandgesetzte Gebäudetrakt diente der DDR-Zigarettenindustrie als Tabakkontor.

Nach der Wende an einen Investor verkauft, wurde der zerstörte Südflügel wiederhergestellt und das Gebäude im Originalstil saniert. Heute befinden sich in dem Gebäude Büros und eine Gaststätte mit dem höchsten Biergarten der Stadt. Die Aufnahme von 1987 zeigt den Blick auf die Yenidze von der Marienbrücke aus.

Volksfest am Heinz-Steyer-Stadion 1984.

Original-Tabakwerbung von 1915.

Auf dem 1724 eingeweihten Alten Katholischen Friedhof, einem der ältesten Dresdens, befinden sich einige künstlerisch hervorragend gestaltete Grabdenkmäler berühmter Persönlichkeiten. Der Bildhauer Balthasar Permoser, Komponist Carl Maria von Weber und der Maler Gerhard von Kügelgen fanden hier neben anderen ihre letzte Ruhestätte. Hinter der Friedhofskapelle sind die Werksanlagen der ehemaligen Bramsch-Spirituosenfabrik zu sehen, die bis auf das am linken Bildrand sichtbare Bürogebäude 2005 abgerissen wurden. Das Gewerbeareal wurde inzwischen mit einer Eigenheimsiedlung bebaut.

Sowjetische Soldaten in Dresden

Das sowjetische Ehrenmal am „Platz der Einheit" wurde bereits 1945 im Auftrag der Sowjetischen Militäradministration im Rundbecken des beim Luftangriff schwer beschädigten Brunnens „Stürmische Wogen" errichtet. Alljährlich dankte die Dresdner Bevölkerung am Tag der Sowjetarmee, dem 23. Februar, auf Anregung der Partei der Arbeiterklasse ihren Befreiern mit einer Kranzniederlegung. 1994 wurde die Brunnenanlage am Albertplatz, wie er nun wieder hieß, historisch genau restauriert und dieses Denkmal in die Nähe des Militärhistorischen Museums Dresden umgesetzt. Das Foto entstand Ende Februar 1989 und dürfte eine der letzten Aufnahmen mit kränzegeschmücktem Sockel sein.

Eine Streife der sowjetischen Militärpolizei am Neustädter Fußgängertunnel einmal ganz entspannt!

Obwohl es mehrere große Garnisonen der Sowjetarmee in Dresden gab, war ihre Präsenz im städtischen Leben eher gering. Es war bekannt, dass einfache Soldaten nur kontrolliert in Gruppen die Kasernen verlassen durften. Private Kontakte mit den Einheimischen waren nicht erwünscht, und so bekam man in der Stadt fast ausschließlich Offiziere mit ihren Familien zu Gesicht.

Sehr beliebt waren die sowjetischen Militär-Ensembles mit ihren akrobatischen Tänzern und den wunderbaren Chören, die deutsche Volkslieder genauso vollendet singen konnten wie die russische „Kalinka".

Kulturstadt Dresden

Dresden mit seinen weltberühmten Kunstschätzen und einem reichen Musik- und Theaterleben bietet dem Fotografen ein großes Betätigungsfeld. Ausstellungen aller Art, insbesondere Kunstausstellungen, sind voller interessanter Motive, auch wenn die Lichtverhältnisse selten optimal sind und das Fotografieren von Kunstwerken nicht immer erlaubt ist. Bekommt man bei einem Museumsbesuch zufällig einen der berühmtesten Maler des Landes vor die Linse, kann man mit der fotografischen Ausbeute des Tages doch recht zufrieden sein!

Eine Kunstausstellung der Hochschule für Bildende Künste Dresden 1989. Die größtenteils abstrakten Skulpturen und Kunstobjekte waren nicht unumstritten. Ein Teil der älteren Besucher mit ihren vom sogenannten „Sozialistischen Realismus" über Jahrzehnte geprägten Sehgewohnheiten, ließ seinem Missfallen freien Lauf. Aber auch in der Kunst war die Wende in Sicht!

Willi Sitte (1921–2013), der berühmte Maler und Vorsitzende des VbK, beim Fernsehinterview im Albertinum.

Willi Sitte ist berühmt für seine expressiven Körperdarstellungen. Hier das Triptychon „Nach der Schicht im Salzbergwerk". Als Altarbild eher ungeeignet! Alle vier Jahre fand im Dresdener Albertinum die „Kunstausstellung der DDR", eine Leistungsschau des Verbandes der Bildenden Künstler der DDR statt, die von Hunderttausenden Kunstinteressierten besucht wurde. Die Auswahl der ausgestellten Werke oblag einer Jury des Verbandes, vor allem in den letzten Ausstellungen 1983 und 1987 war eine erstaunliche Vielfalt an Bildthemen und künstlerischen Handschriften vertreten.

Nach dem Abriss des im Krieg schwer beschädigten Ausstellungspalastes blieb eine große Brachfläche, auf der seit den 50er-Jahren die Vogelwiese und andere Volksfeste stattfanden. Im Jahre 1969 wurde auf dem Fučikplatz eine architektonisch interessante Ausstellungshalle errichtet, die auch für Veranstaltungen genutzt werden konnte. Die Halle ist inzwischen Geschichte, sie wurde bei der Errichtung der „Gläsernen Manufaktur" für VW abgerissen.

Im Rahmen des deutsch-deutschen Kulturabkommens fand im Dezember 1988 eine große Buchausstellung mit 4000 Werken aus bundesdeutschen Verlagen statt. Natürlich war der Ansturm gewaltig, wurde doch ansonsten die Einfuhr von Presserzeugnissen und Büchern aus der BRD staatlicherseits konsequent unterbunden.

Schmökern beim Klassenfeind – „Bücher aus der Bundesrepublik Deutschland", Dezember 1988.

Volksfeste

Die beliebte Parkeisenbahn im Großen Garten, zu DDR-Zeiten „Pioniereisenbahn", diente auch der Rekrutierung künftiger Eisenbahner für die Deutsche Reichsbahn. Aufnahme von 1989.

„Lustige Musikanten“ in der Fußgängerzone.

Alle Jahre wieder – das Internationale Dixiland Festival Dresden mit Bands aus ganz Europa. Das Festival wurde mit einem großem Festumzug durch die Stadt eingeleitet und ist noch heute eine der beliebtesten Kulturveranstaltungen der Stadt Dresden. Aufnahmen vom Mai 1989.

Foto unten links:
DEFA-Chefindianer Gojko Mitič als Filmregisseur.

Der traditionelle Striezelmarkt auf dem Altmarkt, heute ein Touristenmagnet erster Ordnung, war 1988 eine recht bescheidene Veranstaltung!

Dampferparade 1988.

Von der Elbe verschwunden: Vier dieser eleganten Luxusmotorschiffe waren in den 60er-Jahren neu in Dienst gestellt worden. Die „Ernst Thälmann" wurde 1990 in „August der Starke" umbenannt, 1994 außer Dienst gestellt und ebenso wie die „Wilhelm Pieck" verschrottet. Die „Karl Marx" und die „Friedrich Engels" haben immerhin als schwimmende Herbergen überlebt. Auf dem Foto die „Ernst Thälmann" beim Passieren des „Blauen Wunders" im August 1988.

Von Eisenbahnen und Autos

Ein Doppelstockzug bei der Ausfahrt aus dem Dresdener Hauptbahnhof. Die moderne Version dieser Waggons wird heute von der Deutschen Bahn in großer Zahl deutschlandweit im Berufsverkehr eingesetzt. Aufnahme von 1988.

Ausrangierte Dampfloks der Deutschen Reichsbahn im Bahnbetriebswerk an der Zwickauer Straße. Sie wurden nicht mehr verschrottet, sondern gegen harte Devisen europaweit an Eisenbahnvereine verkauft. Aufnahme von 1988.

Oldtimerausstellung mit liebevoll restaurierten Privatfahrzeugen auf dem Fučikplatz. Aufnahme von 1986.

Publikumsmagnet auf einer Fahrzeugschau in Dresden-Niedersedlitz war dieses aufwendig restaurierte MAGIRUS-Drehleiterfahrzeug der Riesaer Feuerwehr. Aufnahme von 1989.

Selbst ist der Mann! Aufnahme von 1988.

Ein Saporoshez 968 aus den 70er-Jahren mit Totalschaden wird fachmännisch begutachtet. Aufnahme von 1984.

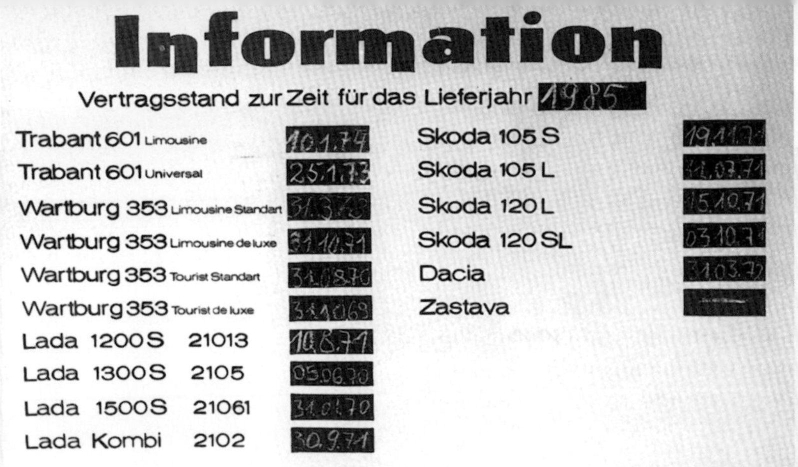

Information

Vertragsstand zur Zeit für das Lieferjahr 1985

Trabant 601 Limousine	10.1.74	Skoda 105 S	19.11.7[illegible]
Trabant 601 Universal	25.1.73	Skoda 105 L	31.03.71
Wartburg 353 Limousine Standart	31.3.73	Skoda 120 L	15.10.71
Wartburg 353 Limousine de luxe	31.10.71	Skoda 120 SL	03.10.71
Wartburg 353 Tourist Standart	31.08.70	Dacia	31.03.72
Wartburg 353 Tourist de luxe	31.10.69	Zastava	—
Lada 1200 S 21013	10.8.71		
Lada 1300 S 2105	05.06.70		
Lada 1500 S 21061	31.01.70		
Lada Kombi 2102	30.9.71		

Ein seltenes Zeitdokument: Die Informationstafel des „VEB IFA-Vertrieb" von 1985, ausgehängt an der Filiale des staatlichen Fahrzeughandels auf der damaligen Otto-Buchwitz-Straße. Trotz der enormen Wartezeiten von 13–15 Jahren konnte man der volkseigenen Autoindustrie vertrauen. Der einstmals bestellte Autotyp wurde geliefert. Manchmal mit kleinen technischen Verbesserungen, aber äußerlich unverändert. Der Fahrzeugindustrie wurde von der Parteiführung der SED untersagt, die Autofahrer der DDR mit Neuentwicklungen zu verunsichern. Bei den langen Wartezeiten war es natürlich kein Problem, den Kaufpreis von 13 000 bis 30 000 (!) je nach Marke anzusparen, er musste schließlich bei der Abholung bar auf den Tisch gelegt werden. Da war nichts mit Autokauf per Kredit ohne Anzahlung!

Typisch Trabant, selbst nach einem Unfall zeigte er noch „Gesicht". Aufnahme von 1985.

Winter in der Stadt

Russische Kirche in der Südvorstadt.

Brunnen am Friedrich-List-Platz. Aufnahmen vom Februar 1987.

Hofmühlenstraße in Dresden-Plauen. Aufnahme vom Februar 1987.

Markante Bauten aus DDR-Zeiten

Gaststätte „Am Zwinger". Abriss 2007. Aufnahme von 1988.

Centrum-Warenhaus Prager Straße. Abriss 2007. Aufnahme von 1988.

Büro- und Geschäftsgebäude
am Postplatz. Abriss 2009,
Aufnahme von 1988.

Fernmeldezentrum am Postplatz.
Abriss 2018. Aufnahme von 1986.

Bürogebäude mit Kantine an der Könneritzstraße. Abriss 2019, Aufnahme von 1988.

Wenig einladend: Der Fußgängertunnel unter dem Pirnaischen Platz, zurückgebaut und verfüllt 2010. Aufnahme von 1989.

Weitere Bücher über die Region

Aufgewachsen in Dresden – Die 40er und 50er Jahre
Dietmar Sehn
64 Seiten, zahlr. Fotos
ISBN 978-3-8313-1833-9

Aufgewachsen in Dresden – Die 60er und 70er Jahre
Una Giesecke
64 Seiten, zahlr. Fotos
ISBN 978-3-8313-1860-5

Weihnachtsgeschichten aus Dresden
Stefan Jahnke
80 Seiten, zahlr. schw.-w. Fotos
ISBN 978-3-8313-2744-7

Schlösser und Burgen in Sachsen
Petra Steps
72 Seiten, zahlr. Farbfotos
ISBN 978-3-8313-3254-0

Wartberg-Verlag GmbH
Im Wiesental 1 | 34281 Gudensberg
www.wartberg-verlag.de
Bücher für Deutschlands Städte und Regionen
Tel. 0 56 03-93 05 0
Fax 0 56 03-93 05 28